H. Schiemansky

Katastrophen mussten, müssen kommen

Mord : verjährt nicht!

Die größte Katastrophe:

Der Mensch : *persönlich*

Impressum

Geschrieben von H. Schiemansky im August 2021
        Im Büro der ehemaligen S.E.W A.—Technik,

        Auch hier macht der Autor vom GG Artikel 5
        Gebrauch der Redefreiheit garantiert

        Das Cover ‚ist Original H. S.

        ISBN: 978-3-7543-5661-6

        Herstellung und Verlag: BoD – Books on Demand,
        Norderstedt

Vorwort

In diesem Buch steht nicht das was eigentlich hinein gehörte, weil es schon in meinen,
vor Jahrzehnten geschriebenen, Bücher steht, und hier nur Platz verschwenden würde, –
das Buch zu teurer machte.

Geschrieben nach der Flutkatastrophe im Juli 2021.

Ich der Autor weise daraufhin, dass ich nur noch sehr bedingt mit 1. Finger am PC
schreiben kann, Das ist bedingt, durch einen Vorgang, an dem dieser Staat auch die
Verantwortung trägt .

Sollten Passagen in diesem Buch sehr verallgemeinert sein, möchte ich hier für alle
solche Passagen klarstellen, **dass es Ausnahmen immer gibt.**

Katastrophen

Das alles und noch mehr, haben sich die Menschen zu geschrieben.
In dem sie sich **Regierungen gewählt haben, die nichts für eine sichere Zukunft tun.**

Und diese Elemente können zu Katastrophen führen, ganz davon abgesehen, welche Schäden sie sonst noch verursachen.

Wasser;
 z. B. Starkregen, Hochwasser, Überschwemmungen; Gletscherschmelze, Springfluten und nicht vergessen, Wassermangel, dass wiederum hat Trockenheit und Dürre im Gepäck, sowie Hunger in den unterschiedlichsten Erscheinungen und, und, und.

  Luft; ….

   Feuer ….

Erdbeben   (?)

Allein diese 3 (4) Grundelemente beinhalten fast unendlich viele anderes genannte Elemente die auf jeden Fall noch zu Katastrophen führen können!

Wir sollten unterscheiden: Natur-Katastrophen und Menschen gemachte Katastrophen und ebenso deren Tote.

Gegen die ersteren ist kaum ein Kraut gewachsen, betriff, vorwiegend die Ärmeren, aber auch Wohlhabende bleiben nicht davon verschont.

Frühe Beweise

Beweise, für die Erderwämung, die Klimaveränderungen oder Umweltbelastungen jeder Art, gibt es reichlich!

Wer meinen Worten nicht glauben will und Beweise dafür sucht, dem empfehle ich,
die wunderschöne Reise mit der Rhätischen Bahn von Filisur nach Tirano über oder am Morteratsch Gletscher vorbei.

Wer sich erlaubt und an der Station Morteratsch hält und beim Aussteigen Festland betritt, steht am ehemaligen Anfang oder Ende des Gletschers.
Zu sehen ist der Gletscher aber nicht – heute nicht mehr.

Als man die Bahn 187x. dort verlegte, lagen die Schienen genau

bis am Ende des Gletschers.

Alte Eingesessene Bewohner dieser Gegend, hatten bei der

Planung berichtet, dass das Gletscherende vor Jahrzehnten bis

weit über den geplanten Bahnhof hinaus ging, einer Verlegung

der Schienen nichts im Wege stände.

Wer jetzt das Gletscherende des Morteratsch-Gletschers sehen will, muss viele hundert Meter gehen, und an einer Reihe von Schildern vorbei, die alle 10 Jahre, das derzeitige Gletscherende markiert!

Gletscherende: beschleunigt durch Menschen Tun!

H.S.

Ein Ort am Abgrund: Erdrutsche rissen in Erftstadt ganze Häuser und Straßen mit sich.

Foto: AFP/Sebastien Bozon

Auf spektakuläre Bilder soll hier verzichtet werden.

Katastrophen mussten kommen

Das was jetzt als Katastrophe bezeichnet wird, war schon **viele, viele Jahrzehnte voraussehbar**.

Man sieht es an vielen Gletschern!

Und die irreführende Aussage von Klimaveränderungen erst recht,

Es ist auch nicht die Umweltbelastung die folglich kommen musste, die in Ordnung gebracht werden müsste, nein. es ist xxx, die man vor Jahrzehnten hätte ändern müssen.

Ändern? Ja, aber nicht mit den Regierungen die wir seit Jahrzehnten haben.

Sie verhalten sich alle, als hätten sie wenig Gehirn.

Sie schieben sich die eigenen Taschen voll und nehmen es mit
der Meinung die sie verbreiten, nämlich etwas fürs Volk zu tun,
ungeniert an.

Aber in Wirklichkeit lügen sie uns allen nur etwas vor – **vorne
an die C-Parteien**.

Den Beweis dafür liefern sie jetzt selbst, und auch die, *Mord
verjährt nicht,* Behauptung regeln sie zu ihren Gunsten.

*Meine Beweise dafür stehen in den **Büchern**:*

u.a. mit anonymem Autor

Msk. (1)7<u>: **Neuauflage** von „Totengräber"</u> ... wegen Überarbeitung.
und Ergänzungen2020   bei BoD   ISBN 9 783752 607499

Msk.5: **So: in die Zukunft** oder … ISBN 9-783746-927223-7 bei.

Msk. 6: **Jenseits von Demokratie und Rechtsstaat** oder ISBN 9-783749 44808-1 bei ……………BoD, , Hardcover, hochwertig

Hierauf verweise ich, *weil ich der Autor heute nicht mehr fähig bin, wie ein gesunder Autor seine Bücher zu schreiben.*
Es würde für mich eine Ewigkeit dauern, heute ein Buch mit all meinen Beweisen zu schreiben.
Selbst das bis dato noch mögliche zügige schreiben mit einem Finger am PC, ist jetzt ein großes Problem für mich geworden.

Und die durch diesen Staat mir zugefügten Gesundheitsschäden zermürben mich weiter – bis zum Tod.

Lesen sie die Bücher/e-book durch und sie lesen noch **viele andere Offenbarungen die z. T. unbekannt sind.**

Und das bin ich der Autor: Nach dem 5. Umzug wegen Bombentreffer, in ein kleines Dorf, und einigen Jahren später, hatte ich einen (Schule)-Freund mit dem ich schon damals über „heute"?! anstehende Probleme sprach.

Diese festigten sich, als wir später ins Ruhrgebiet zurück zogen durch Sicht der **Bergbauschäden**.

Dann kam der Bund.

Die eigenen beruflichen Tätigkeiten.

Die sogenannte erste Oel-krise.

Mein Urlaub auf den Kanaren wo ich einen Freund fand, dem
ich beim 3.Besuch nach einem Jahr sagte, weil es für mich
offensichtlich war:

„wenn ihr so weiter macht mit Bauen, was Umweltzerstörung
ist, hat das schlimme Folgen für euch".

Nein, sagte er mir, „Du irrst, das ist gut für die Insel-- muss
sein".

Heute sagt er zu mir, du hast Recht gehabt mit dem was du
damals gesagt hast.

Dazu kommt: bei einem anderen Urlaubs-Besuch, feierten wir
Karneval in einer von den Guanchen geschlagen Wohnhöhle
an der Küste, die jetzt einem der Gastgeber gehörte.

Die Aktivitäten in der Höhle ließen nach.
Da sagte Carmen zu mir, komm lass uns gehen.

Ich kenne oben in den Bergen ein kleines Dorf da geht das
Feiern jetzt erst richtig los.

Das kleine Dorf war ein fast vergessenes Dorf!

Wir waren da, gerammelt voll, da sagte Carmen zu mir,
„Du hältst dich mit deiner Sprache besser zurück, Ausländer
sind hier nicht willkommen".

Was hinsichtlich der Zerstörung durch dieses Bauen, nicht
verwunderlich war!

Nicht nur …

Es wäre unrichtig, nur der Politik, den Regierungen die
Alleinschuld zu geben. Alles was danach kommt und mit daran

häng und selbst das gemeine Volk glaubt ja den Worten dieser
Scharlatane.

Und doch, **sie alle da oben tragen die . ...**

...   Hauptverantwortung,

**weil nur sie es gewesen sein konnten, die etwas hätten
verändern können, und die, die die Zerstörung der xxx hätten
Einhalt bieten können.   .....**
**Doch sie taten es nicht, für sie war Macht und Mammon
wichtiger!**

Besser Reich und ein Gauner,

als Arm und ein Ehrlicher!

Volksweisheit

An und für die Zukunft tun, hat noch nie jemand etwas getan,
deshalb fallen sie auch alle unter …… .

Eine, jede, Regierung ist dafür da, für Wohl(stand) und
Sicherheit der gesamten Bevölkerung zu sorgen!
Und nicht wie bei den Jetzigen, vorrangig für die Reichen, und
Sicherheit erst dann auf/in den Focus zu stellen, wenn es zu
spät ist.

So wie jetzt, sich die Politiker, wie der Bundespräsident, Frau
Merke, Herr Lasche – (die Lachtaube) und wie sie alle heißen,
sich vor die Öffentlichkeit zur Schau stellen und fromme,
nichts sagende Reden halten, damit ist keinem der
Betroffenen geholfen.

Sie verteilen Geld, das sie selbst gar nicht besitzen oder
verdient haben.

Sie müssten, wollten sie glaubbar sein, Mal ¾ von ihrem Jahreseinkommen spenden – und sie sollten endlich dem Volke sagen, dass sie die eigentlich Schuldigen an dieser (diesen) Katastrophen sind.

Vielleicht würde das vor Gericht, für sie, mildernd auswirken, denn

Mord :verjährt nicht.

Die wenigen, wie ich einer bin, der die seit Jahrzehnten kommende(n) Katastrophen voraussah, denen wollte man nicht zuhören, lesen.

Wohlstand für alle", wie die unfähige Kanzlerin sagte, mit vielen weiteren Falschaussagen, ist keinem Gedient!

Sie ist die, die das meiste zu den Katastrophen heute dazu tu.

…. und den vielen Toten, die durch diese Politik, entstehen –

müssen!

Mord verjährt nicht!

...   Voraussehbare Tote

Bisher hat dies Katastrophe weit über 100 Menschenleben

gefordert – und Kummer, Sorgen, Not und Leid ohne Zahl.

Da wäre es längst fällig gewesen, ein Gesetz zu schaffen, dass es
bei Strafe verbietet, sich an der Hilfe für Betroffene noch zu
verdienen – auch wenn es gegen die geltende Politik wäre.
Die nämlich ist, wie schon geschrieben, ganz das Gegenteil!

Man sieht es, am nachstehenden Buch.

2020: 2te, übereitete und ergänzte Ausgabe von

H. Schiemansky

DEMOKRATIE

Red Stone

Totengräber der Demokratie

Totengräber

oder

Inhalt des Buches

1. Teil (alt))

Der Autor beschreibt darin einiges aus seinem gesamten Leben.
Wodurch und wie er an seine/zu Gesinnung, sein Handeln kam.
Umweltsünden verstehen und bezeichnen.
Die dadurch gewonnenen Erkenntnisse. Gab er als Voraussehbares ab.
Es betrifft vorwiegend das, was man heute unter Umweltsünden
versteht!

2. Teil (neu)

Hier überprüft der Autor wie weit seine Voraussagen, Wahrheit oder
sichtbar geworden sind.
Bring neue Erkenntnisse ein.

ERSCHRECKEND

Zum Bild

Der Atompilz sagt ja wohl genug.

Und jetzt, wollen diese, gesetzlich geschützten und gewollten
…Verbrecher (Mörder) auch noch am Rückbau der Anlagen, Geld
…verdienen, dafür sind diese ja eigentlichen die Hauptschuldigen, auch
noch bereit – laut Gesetz.

…Wo aber steht das im GG Grund Gesetz?

Wo steht, ja wo steht?! – Das alles lesen sie in meinen Büchern.

Und ein groß Wenig steht im Buch Nr. 5 und Nr 6

***

/(Umschlagseite farbig)

Jo Redstone

Jenseits von DEMOKRATIE und Rechtstaat

Artikel = **G-G** § § § .N. D.P.

Vom Inhalt

Wer es gelesen hat weiß, dass selbst *dieses Buch im Prinzip wenig mit den Katastrophen zu tun hat.*

Es Beleg aber eindeutig, wie es um Demokratie und Rechtsstaat in Deutschland seit Jahrzehnten bestellt ist und beweist deshalb, dass Deutschland weder das Eine, noch das andere ist.

<u>***Es ist für ihr Wissen von absoluter Wichtigkeit!***</u>

Da **Grund-Rechte fast leere Worte sind!**

Viele der nachgemachten Gesetze (§,§) verstoßen eindeutig gegen die Artikel des GG, und die stehen eigentlich-   über allen (§§)!

Man kann und darf aus dem Buch, weil es auf Tatschen beruht, ruhig den Schluss ziehen, dass wenn's darauf ankommt, **jedes Recht in Deutschland außer Kraft gesetzt wird!**

Nachstehend eine Liste mit Angeschriebenen Behörden in D......, für den EuGH für Menschenrechte.

H. S   **......./M... 2008**

Anlage A1:zur Beschwerde beim Europäischen Gerichtshof für Menschenrechte

In Sachen Anzeige gegen den Richter Dr. König... angeschriebene Behörden und ...
Und diesen Weg nahm meine Anzeige – bisher

**Nach der am 0......04 stattgefundenen Schein-Güteverhandlung, wurde, wie Dr. Kö. vorausgesagt hatte, die Gegenklage auf Schadensersatz am 0.06 notwendig!**
**Danach suchte ich einen Rechtsanwalt - vergeblich – und reichte dann selbst die Anzeige ein.**

B1   Am 18.05.2005 schickt ich die Anzeige an die;
       Staatsanwaltschaft Os…, und von dort ging sie, zur
       „Erleichterung derer", an die
                    Polizeidirektion B.. B……...
Und wegen unrichtigem, Adressat u. <u>Nichtzuständigkeit,</u>
         Als <u>Irrläufer, zurück</u> an die Staatsanwaltsch. OS am
         2….2005
                         mit Aktenzeichen: NZS -… Js 2….…

B2   Am .05… Generalstaatsanwaltschaft Ol   Az.
…….
                    Mit Widerspruch

B3   Am …...05
       Petitionsausschuß des deutschen Bundestages
       Pet -4-..-07-..05-..6…
                    Mit Auskunft: nicht Zuständig, sondern
       Nieder Sachsen Landtag

B4   Am .05 Antwort Schreiben 2…06
       Nieder Sächsischer Landtag   Az.
       0……./…
                                                  Drucks.
         15/…..5
                    Mit Widerspruch Bearbeitungsdauer: ein
                    halbes Jahr.

B5   Am Juli …7an:

Bundespräsident (alter) der Bundesrepublik Deutschlands
Geschäftsz. ...-.000 9...

*Wenn ich das Antwortschreiben richtig interpretiere, **ist nach**
deutschem Recht, ein Richter Herr über Leben und Tod.*

B6   **Am ...…06**
        Bundesverfassungsgericht   **Az. AR**
        ....9...
               Mit Widerspruch

B7   **Am ...07**
        Generalstaatsanwaltschaft beim Bundesverfassungsgericht
           Von hieraus wurde die Anzeige nach OS, ohne
        weiteren Kommentar, zur weiteren   <u>Bearbeitung , erneut</u>
        <u>*(zurück) überwiesen!*</u>

B8   **Am ...Antw.- Schreiben: 1.07**
        Staatsanwa. Os...Az. Wie oben
            Ergebnis. Wie oben kein Grund der Sache
            nachzugehen!

B9   **Am März/April ....08 an:**
        Europäischer Gerichtshof für Menschenrechte: Az. Nr....

Auf den Antwortschreiben der Behörden steht;1 x die

Bemerkung: <u>Freiheitsberaubung</u>

und alle anderen benutzten die Bezeichnung <u>Beschwerde,</u>
obwohl mehr als eindeutig zu lesen ist, **Anzeige**.

Es fehlen noch:

B10 Der Schriftverkehr mit dem EuGH, der beschämend für diesen am Ende, nach ... Jahren, abgewürgt wurde.

B11 Und, der kurze Schriftverkehr, mit dem Bundespräsidenten F.-W. St, das Aus-Sagt, wenn man es auf gutem, klarem Deutsch übersetzt, das alle Beamte/INNEN einen falschen Eid auf diesen Staat ablegen.

Kriege

***Jeder Krieg ist eine Katastrophe, da sind Tote vorprogrammiert –**

normal (?).

Normal? Nein, man hat es nur auf einen solchen ankommen lassen

und die Ermordeten in Kauf genommen.

In Rechenschaft gezogen wurden diese Mörder fast nie, bis heute", wo

einzelne Kriegsverbrecher zur Verantwortung gezogen wurden,

werden – Tote werden es trotzdem nicht weniger.

Kriege gibt es seit Menschengedenken, sie fingen fast - mit Heiligen-

Kriegen an.

Heilig? Christlich?! Ja, darauf beruht sehr vieles: Wohlstand, Reichtum,

Prunk, Verschwendung, Falsch/Aussagen, Macht und, ja und, auch das

Grundprinzip der C-Parteien -bis heute!

Lesen Sie im Buch SO: in die Zukunft, alles über Kriege.

Glauben? Was ist glaube/N: glaube sagt man heißt nicht Wissen – und das stimmt zu 100%. Auch wenn sich diese 100% in viele, viele einzelne Größen und Arten aufteilen.

Da gibt es Glauben der römischen Kirche – Katholiken genannt.
Solche die nach Martin Luther kamen – die evangelischen, und viele andere die sich christlich bezeichnen.
Was aber ist Christlich?   *Steht alles (fast) in den besagten Büchern von mir.*

Nicht zu vergessen, auch nicht glauben, ist und fällt unter Glauben, denn manch einer glaubt nur an den Mammon!

Wer sind die Verantwortlichen für diese Ermordeten - (Gefallenen), wie man verschönernd sagt.

Denn sie sind alle **vorsätzlich ermordet worden**.
Welche Form die verantwortliche Regierung auch hat/te.
Tot ist tot.

Und heute?!

Nichts daran ist anders.

Ob durch die Lanze, das Schwert, die Granate, Kugel, nicht zu vergessen, **die Verhinderung von Toten durch voraussehbare, vermeidbare Katastrophen oder was auch immer, sie wurden alle ermordet – fürs Vaterland und Volk für den Wohlstand der Reichen.**

Somit hat der jeweilige **Regierungschef auch die Verantwortung für ihren Tod.**

Es kann und darf nicht sein, dass Millionen Tote anders behandelt werden als ein einziger Tote.

Ein Mörder(in) ist ein/e, Mörder(in),

da geht kein Weg daran vorbei, erst recht nicht, wenn die Beweise eindeutig sind.

Jede Regierung benutzt ihr Tun nur für den eigenen Vorteil

Aber die Vollstreckung zum Tot hängt von einer einzelnen Person ab!
Oder von ganzen Heeren!

Zum Glück haben viele Staaten die Todesstrafe abgeschafft!

Wo sie aber doch noch vollzogen wird, hängt diese Exekution alleine
von einer einzigen Person ab.
Sie alleine gibt das Zeichen zu Tot oder Leben.

Was aber hat das mit Katastrophen zu tun, zu den ermordeten Toten?!

**Zu tun hat das, weil man nicht vor Jahrzehnten schon, an diese
kommen, müssenden, Toten gedacht hat -denken wollte"!**

Katastrophen häufen sich

Katastrophen gab es schon immer, sind nichts Neues.

Doch die sich jetzt häufenden Katastrophen, waren schon vor vielen Jahrzehnten voraus zu sehen, aber man hat nichts daran, dafür getan, sie erträglicher zu machen – Vorsorge zutreffen – warum auch (?!) – Tote gehören schließlich dazu.

Alle Regierungen seit dem 2.Weltkriegsende, waren nur auf Wohlstand für Wohlhabende programmiert, nicht auf Katastrophen, und genau da, liegt das Übel, die Toten durch unterlassene, verschwenderische Vergeudung von Ressourcen.

Ressourcen: Das sind die Materialen die man aus der Erde oder oberhalb von ihr nimmt - sie kommen nie wieder!

Da blieb für den Luxus „Vorsorge" - kein Spielraum – und Tot, ja selbst der Tod bring noch manchem richtig Geld – steigert also den Wohlstand!

Sieht man sich im Lande, - der Welt - , einmal um, kann, stellt man Mängel, vorsätzliche Mängel in Massen fest, die nicht hätten sein dürfen, müssen. Doch das Wichtigste und Einfachste will man, dem Wohlstand wegen, übersehen – Man nimmt die vielen Toten lieber in Kauf.

Keiner lebt schließlich Ewig!

Gletscherschmelze: 1200 neue Alpenseen

GENF Der Klimawandel hat einer neuen Studie zufolge in den vergangenen 170 Jahren zu einer dramatischen Veränderung in der Schweizer Alpenlandschaft geführt. Seit dem Ende der Kleinen Eiszeit Mitte des 19. Jahrhunderts seien fast 1200 Seen in ehemals vergletscherten Regionen entstanden, heißt es in einem gestern vom schweizerischen Wasserforschungsinstitut Eawag veröffentlichten Inventar aller Schweizer Gletscherseen.

Heute existieren den Forschern zufolge noch knapp tausend der seit 1850 entstandenen Gletscherseen. „Wir waren überrascht von der schieren Anzahl einerseits und der deutlich beschleunigten Bildung andererseits", erklärte der Leiter der Gruppe Fernerkundung des Eawag, Daniel Odermatt.

Zu Beginn ihrer Forschungen hätten er und seine Kollegen mit „wenigen Hundert Gletscherseen" gerechnet. Der Klimawandel beschleunigt die Gletscherschmelze in den Alpen. Dies wiederum kann zur Bildung von Bergseen führen. Laut einer Studie der Schweizer Akademie der Wissenschaften verloren die Gletscher in den Schweizer Alpen allein im vergangenen Jahr zwei Prozent ihrer Masse.

Selbst eine vollständige Umsetzung der Pariser Klimaziele von 2015 würde nach Einschätzung von Forschern der ETH Zürich die Gletscherschmelze nur bedingt aufhalten: Bei einer Begrenzung des globalen Temperaturanstiegs auf zwei Grad würden demnach trotzdem zwei Drittel aller alpinen Gletscher verschwinden. AFP

Ein alter Hut.

Dazu lesen sie im Buch **„SO: in die Zukunft"**, *was ich dazu ausführlich zu sagen habe.*

***

Es wird sie überraschen was im Buch, „Jenseits von Demokratie und Rechtsstaat" steht, und ‚wie der deutsche Staat sich gibt wenn's darauf ankommt!

So viel Verlogenheit hätten sie nicht von ihm erwartet!
…..Die Belege im Buch sind alle von Original-Schreiben!

SO: in die Zukunft

Woher, Wohin –
Geld und Macht

In der Kürze des Buches ist es nur möglich, alle Phasen der Menschengeschichte kurz anzureißen.

Das Beginnt mit „Adam und Eva". Vielleicht auch noch früher.

 Und Endet, **was seit Anbeginn der Meschen unrichtig gelaufen ist und sich nicht mehr ändern lässt!   (Katastrophen)**

Ein Buch SO: einfach und kurz wie möglich gehalten, dass den Leser zum Mitdenken anhält!

…. bleibt noch XXX

Das Wichtigste, das xxx blieb bisher ungeschrieben, es ist aber für alles das vorrangig Wichtigste, denn hätte man dieses, dem entsprechend, immer berücksichtigt, wären Katastrophen heute noch nicht angesagt.

Auch ist der Verbrauch, die Vergeudung dieser heute lebensnotwendigen Stoffe von entscheidender Größe für und wann Katastrophen kommen.

Sie einzuschränken war, wäre Vorrangiges Gebot jeder Regierung gewesen.

Doch man hat sie dem ALLGEMEINEM (?) Wohl der Wähler geopfert, denn man musste der Bevölkerung beibringen, KÜRZER ZU TRETEN, – eine Gemeinschaft zu sein!

Doch wie in den anderen Büchern von mir schon geschrieben steht – haben vorrangig die C Parteien die Laufbahn der Mensch in diesem Lande (der Erde)) auf eine andere Schiene gelenkt. – schließlich ist man ja christlich orientiert.

Auch dazu lesen Sie in meinen Büchern!

XXX damit sind gemeint, Ressourcen!

Ressourcen die man einmal aus der Erde holt -und sie sind auf nimmer Wiedersehn weg!

Diese Ressourcen möglichst sparsam zu gebrauchen,

> **wäre das höchste Ziel jeder Regierung gewesen,**

> **und schlaue, verantwortungsbewusste Eliten hätten rechtzeitig warnen müssen, deshalb sind auch sie an den Morden (Toten), die nicht hätten sein brauchen, mitschuldig!**

> **Sie fragen doch nicht allen Ernstes, was Sparsam ist?!**

Auch das steht in meinen Büchern – ausführlich!

Der Kanzleranwärter der SPD, Olaf Schulz, hat es jetzt gewagt zu sagen, dass wir auch in Wohlstand leben könnten, wenn wir bescheidener Wirtschaften würden.

Wenn er das, im Ernst meint, warum kämpft er nicht seit Jahren schon dafür?

Es stimmt, die große Masse der Wähler will das, von einem der etwas sagen darf, nicht hören .- alle diese denken, dass es **ein ewiges Leben nicht gibt!**

Auch Gerede, Kommentare, anderer Größen, sind nur dummes Zeug, eine Entschuldigung für Unfähigkeit, denn was schon ist in einem holen Kopf an Fachwissen vorhanden.

Hundert Jahre oder Morgen

Hundert Jahre oder Morgen.
So ist der Zusatz auf dem Cover von Totengräber der Demokratie.

Doch dieser Zusatz sagt aus**, dass die Menschheit, die Erde, in diesem Zeitraum zu Grunde, zu End bringt - geht.**

Das ist aus vielerlei Sicht, unumstritten,

und wird, wegen der grausamen Wahrheit, meist unterdrückt.

Sind die in diesem Jahr sich häufenden Katastrophen, eine Warnung oder ein Vorzeichen dafür, dass es so kommen wird - muss?!

Ob Überschwemmungen, Stürme, Feuer oder Erdbeben - wie jetzt auf Haiti, es bleibt kein Land, kein Erdteil davon verschont!

Aber, wir sollten bei Katastrophen nicht vergessen, auch Kriege sind eine Katastrophe!

Jeder Krieg.

**Nicht nur der in Afghanistan wo jetzt die Taliban herrschen.
Er ist eine Katastrophe sondergleichen.**

**Die Taliban sind/ist eine Glaubensgemeinschaft (?) der
schlimmsten Art.**

Alles was ihnen im Wege steht oder nicht zu ihren Wahnvorstellungen
passt wird eliminiert, ohne Rücksicht auf dessen Wert – für die
Menschheit.

Der Krieg, die Kriege, .die es dort seit vielen Jahrzenten gibt und von
vielen verschiedenen Staaten gegen sie geführt worden ist, wurde
zuletzt von westlichen Staaten geführt.

Die nach 20 Jahren vor Ort, und Einsatz von Milliarden und ihrer Gesinnung von Überheblichkeit, als was Besseres in jedem Sinn, gegen über den Taliban zu sein, zu machen.

Auch da heißt es: Was ihnen nicht passt, wird beseitigt, da spielen Werte jeglicher Art keine Rolle.

Sie sind in ihrer Gesinnung so radikal, dass sie schon für das kleinste Vergehen, Strafen ausführt an Leib und Seele.

Waren, die westlichen Staaten mit ihrer Kriegsführung, unter Einsatz aller Kräfte und Können, einem Sieg/Vertreibung der Taliban, nah, Kam jetzt, einer ihrer „Intelligenzbrocken" auf die Idee, mit seinem Kopf voller Unwissen, den Abzug aller fremden Truppen aus Afghanistan anzukündigen.

Es war – Anscheinend - unter den dort stationierten und Kämpfenden Truppen nur wenige die dagegen protestierten, - durften,

und von verantwortlichen Politikern keiner, der weiter machen wollte, das Land für immer zu befriedigen.

Politiker, Eliten, selbst Fachverbände und noch solche unfähigen Personen, wie Mutti, die Karrenhauer, der Seehund, oder Maaass der einen zu klein gewordenen Konfirmation-Anzug trägt, und wie sie alle heißen, nur Luschen fürs …!

Sie taugen schon wenig für die normale Politik und für solche speziellen Aufgaben überhaupt nicht!

Woher sollen sie auch ihr/das Wissen haben, das ihnen fehlt?

Die den Vietnam-Krieg und andere ähnliche Kriege vergegenwärtig im Kopf haben, und einen Vorzeitigen Rückzug ablehnten, die gab, gibt es nicht!

Das war und ist für jede Truppe die man bekämpft, und sich irgendwohin verzogen hat, **ein akutes Signal sich auf die Zurückeroberung verlorenes Terrain, vorzubereiten.**

Und, dass taten die Taliban mit Sicherheit auch.

Wer den Vietnam-Krieg ein Wenig kennt, weiß, dass Truppen aus einem solchen Land, nicht mit dem Glauben, man habe genug für das Land, die Mensch die dort leben getan – der irrt gewaltig.

Afghanistan hätte man nur auf folgende Weise „befriedigen" können:

Man hätte, musste, um ganz Afghanistan eine so hohe Mauer machen müssen die Sicht und Schallundurchlässig ist, dass kein Wort oder Zeichen sie durchdringen kann – abgeschieden von der Welt – zur Umkehr oder zum Verderb, bis kein Taliban mehr da war!

Da das nicht geht – kommt nur der 2. Fall in Betracht.

Kämpfen mit allen Mitteln und aller Kraft – bis zum Sieg – unter
Schonung der Zivilisten.

Über Jahrzehnte danach, das Land gegen Rückfall zu sichern und nicht
dem Irrglauben zu verfallen man habe genug fürs Volk geleistet.

Das was über Jahrzehnte vor den Kriegen in den Köpfen der dortigen
Menschen (noch) war, war nicht verloren – für immer vergessen.

Schließlich lebte ein großer Teil er dortigen armen Bevölkerung
Vom Anbau VON Rauschgift—Pflanzen, was gutes Geld einbrachte.

Sich mit den Taliban und Afghanistan weiter zu beschäftigen, hat
wenig Sinn. Es kostet nur Zeit und Papier – ist einfach zu umfangreich.

Bleiben noch die „Mord verjährt nicht" Toten.
Das sind zunächst die, pardon, regulär gefallenen Soldaten und
Zivilisten.

Doch bei so einem Rückzug, oder besser gesagt, **verpissen**, sind die Toten vorsätzlich umgebracht worden – noch schlimmer.   ..
Gleich auf welcher Seite.

Obwohl, bei den Taliban kann man keine Menschen umbringen – sie sind ja keine.

Naturkatastrophen

Bleiben die Toten auf Haiti, oder wo immer es einen Vulkanausbruch gibt.

Solche Naturkatastrophen kann man nicht – nie – voraussagen – nur den Schaden und die Toten ließen sich reduzieren – wenn man wollte.

Es gibt viele, auch gute (?) Gründe warum Menschen in Erdbeben gefährdeten Gebieten leben - wollen (?).

Das angenehme Klima, der Strand, die Berge, das mögliche einfache Leben und, und.

Sie sehen (?) die, mögliche, Gefahr nicht die unter ihnen lebt und lauert, sie glauben, wollen es glauben, es gehe noch so lange sie lebten gut.

Wenn's denn doch passiert – hat man Pech – hofft man überlebt die Katastrophe.

Überlebt man nicht – war die Uhr bei einem Abgelaufen.

Und die Toten?

Wenn man es sowie Beschrieben steht sieht, sind die meisten von
ihnen selbst, Schuld, an ihrem Tot.   ..

       Mord: verjährt nicht – zählt hier nicht.

Aber es gib doch noch Fälle, wo der Staat der Indirekte Mörder ist.
Auch darüber steht in meinen Büchern geschrieben.

Durch die falschen, den dem GG widersprechenden, Gesetzen, oder der
Narrenfreiheit von Richter bei der Auslegung und Handhabung vom
Recht, ist schon Manch Einer um sein Leben gebracht worden.

Ein schlechtes Lied, kann ich als direkt danebenstehender,
davon singen.

Oder lesen Sie das Buch, Jenseits von Demokratie und Rechtstaat –
genauer geht's nicht.

Die Schäden die dadurch entstanden sind, haben, den Jähnigen, heute
bis an den Rand zum Tode hin, gebracht.

Dazugetan hat noch seine Krankenkasse, die L.., sowie einige Ärzte durch völliges Versagen oder NICHTSTUN - Zu viel Arbeit mit ihm oder nicht genug Kenne vom Fach, so wie oberflächliches Arbeiten, waren nur Einiges.

Er hofft, dieses Büchlein noch zum Verlag geben zu können.

Auch Morde.

Unter, zu den Toten die auf die Kappe - sprich Rechnung oder Lasten dieses Staates gehen, gehören auch die, die durch seine falschen Gesetze oder Verordnungen gehen, sich eventuell, deshalb, das Leben nehmen, und andere.

Da sagt der Untertitel vom Buch, **Jenseits von Demokratie und Rechtstaat,** alles darüber aus.

Und der Unter-Titel lautet:

Geheimcode Rechtsstaat:
der größte Straftäter – Dein Staat.

Bis heute hat sich noch keine Behörde darüber beschwert, da sind seine Beweise auch nicht zu widerlegen!

Inhaltsverzeichnis

Aus der Feder von …, geschrieben für: *Red Stone, Jo Red Stone; Jo Redstone*
H. Schiemansky; Ben Huu Chiey   Stand 2020/221

Msk. 1: **Totengräber der Demokratie** oder …   ISBN 3-937008-92-6
        Mangelh Ausführung v. Verlag   wahrscheinlich nicht mehr beziehbar
Msk. 2: **Neue Energiespartechniken** oder …wegen zu vieler Offenheiten und
…   ……………..Wahrheiten -   nicht verlegt
Msk.3: **Direktflug von Teneriffa** oder …   bisher
nicht verlegt

Msk. 4: **Die unbemerkte Blume und** …   ISBN 9-783739-2-21099 5
                bei BoD, 700 Seiten, hochwertig   Wenige auf Lager
Msk.5: **So: in die Zukunft** oder … ISBN 9-783746-927223-7 bei. Tredition
Msk. 6: **Jenseits von Demokratie und Rechtsstaat** oder ISBN 9-783749 44808-
1 bei …………..BoD, DIN A 4, Hardcover, hochwertig
Msk. 7<u>: **Neuauflage** von „Totengräber"</u> … wegen Überarbeitung. und
Ergänzungen   2020 bei BoD   ISBN 9 783752 607499

Msk 8: **Speisen und Reisen**   in Arbeit
Msk 9: **Berichte, Arztberichte,** be **Richter**   in Arbeit

Msk 10: **Katastrophen müssen ..**   bei BoD

Schrift/en: **Erkenntnisse"** geschrieben 2013/19. Beim Autor zu haben!
Schrift: **Nicht nur Erinnerungen.**   geschrieben 2014 beim Autor zuhaben!
        Fragen richten Sie bitte an Mail: Ben Huu Chiey@t-onliene.de